¡Soy especial!

Kevin Pearce

Traducción al español: María Cristina Brusca

LECTURAS DEL BARRIO

Rosen Classroom Books & Materials™

New York

—Carmen, ¿sabes por qué eres especial? —dice Mamá.
—¡Sí, lo sé! —dice Carmen.

—¡Soy especial porque puedo brincar en un solo pie! —dice Carmen—. ¡Me gusta brincar en un pie!

—¡Soy especial porque me gusta reír!
—dice Carmen—. ¡Me río mucho!

—¡Soy especial porque me gusta leer libros! —dice Carmen—. ¡Leer libros es muy divertido!

—¡Soy especial porque cuido a mi hermano! — dice Carmen—. ¡Quiero mucho a mi hermano!

—¡Soy especial porque soy una buena amiga! — dice Carmen—. ¡Me gusta compartir!

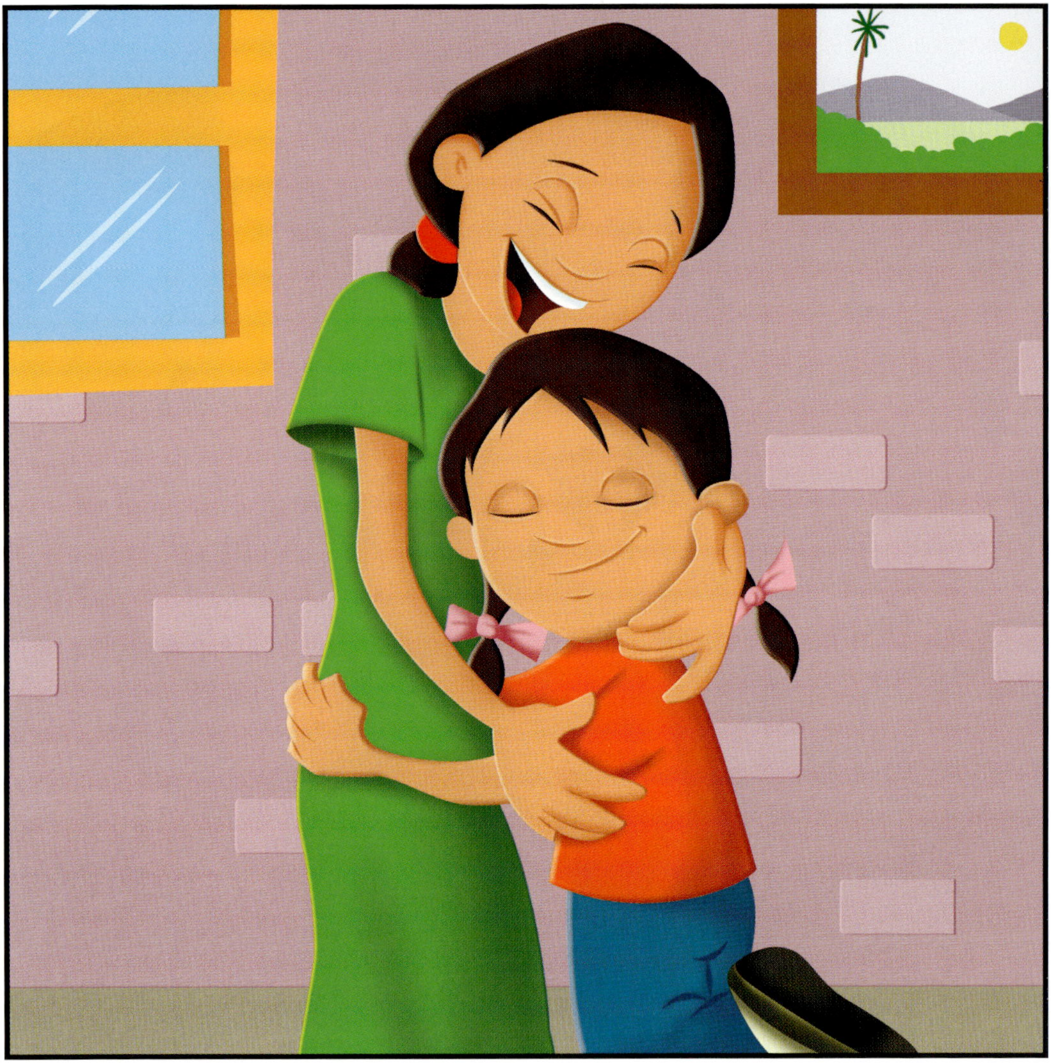

—¡Sí! — dice Mamá—.
¡Eres especial porque no hay nadie como tú!

Palabras clave

(la) amiga
brincar en un pie
compartir
especial
(el) hermano
leer
(los) libros
(el) pie
querer
reír

Narrativa
Narrative

LECTURAS DEL BARRIO

Rosen Classroom Books & Materials™

9 781404 268173

ISBN: 1-4042-6817-0
6-pack ISBN: 1-4042-6818-9